MERLIN
l'Enchanteur

CELUI QUI
RETIRERA L'ÉPÉE
DE CETTE PIERRE
DEVIENDR...
LE ROI LÉGIT...
D'ANGLETE...

Texte : Stephanie Spinner
Illustrations : Valerie Sokolova
Adaptation française :
Le Groupe Syntagme inc.

Pour Rena
S.S.

Pour mon tendre mari, Sasha
V.S.

A GOLDEN BOOK · New York
Golden Books Publishing Company, Inc.
New York, New York 10106

© 2001 LES PRESSES D'OR (CANADA) INC. pour l'édition française.
10, rue Notre-Dame, bureau 300, Repentigny (Québec) Canada J6A 2N9
www.lespressesdor.com
Dépôt légaux 2e trimestre 2001.
Imprimé au Canada.
Isbn : 1-552254-64-X.

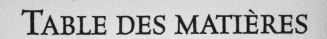

TABLE DES MATIÈRES

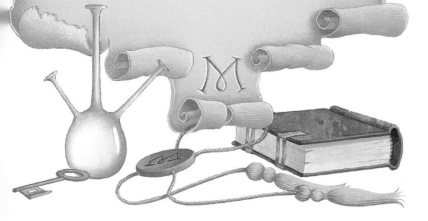

Merlin l'Enchanteur

Il y a très très longtemps, dans l'ancienne Angleterre, la magie était aussi réelle que l'océan et aussi puissante que les marées. Tout le monde voulait pratiquer cet art. Mais rares étaient ceux qui en possédaient le don.

Merlin était l'un d'entre eux.

Lorsqu'il était petit, Merlin était un enfant sage. Il réfléchissait et observait plus qu'il ne parlait. Mais lorsqu'il ouvrait la bouche, les gens avaient appris à l'écouter. Il pouvait voir le passé. Il pouvait prévoir l'avenir. Sa magie était très puissante. Avant même que Merlin ne devienne grand, le roi en avait déjà entendu parler.

Chapitre un

Le roi Uther règne sur toute
l'Angleterre. C'est un brave chevalier et
un bon roi. Il dirige bien le pays.
Pourtant, il ne peut gagner le cœur de
la femme qu'il aime.

Un jour, il fait venir Merlin.

– Je voudrais épouser Lady Igrène,
dit-il. Mais elle ne veut pas de moi.
As-tu le pouvoir de la faire changer
d'idée ?

–Oui, répond Merlin. D'ici un mois, elle sera vôtre. Et elle vous donnera un jour un fils.

Ces paroles plaisent au roi.

–Si mon vœu se réalise, dit-il à Merlin, je vais t'accorder tout ce que tu veux.

–À ce moment-là, je me souviendrai de votre promesse, réplique Merlin.

La magie de Merlin produit son effet. Moins d'un mois plus tard, Lady Igrène devient l'épouse du roi Uther. Elle donne bientôt naissance à un fils, qui se prénomme Arthur.

Merlin se présente alors devant le roi.

– Majesté, dit-il, vous rappelez-vous la promesse que vous m'avez faite ?

– Oui, répond le roi. Que désires-tu ?

La réponse de Merlin se résume en un seul mot.

– Arthur, répond-il.

Le roi Uther pâlit.

– Mon fils ? demande-t-il, incrédule.

– Oui, répond Merlin. Un jour, votre fils sera un grand roi.

Mais d'ici là, beaucoup de sang coulera. Je peux voir l'avenir. Vous allez bientôt mourir. Et commencera alors une période très sombre. Je vais garder l'enfant en sûreté.

Le roi Uther reconnaît la sagesse de Merlin. Il hoche la tête. L'Enchanteur prend Arthur dans ses bras et disparaît.

Chapitre deux

Un an plus tard, le roi Uther meurt.
Personne ne lui succède, et la paix
quitte l'Angleterre. C'est le début des
années sombres.

Merlin trouve un foyer pour Arthur
en le confiant à un chevalier appelé Sir
Hector. Arthur devient vite un jeune
garçon robuste. Il ne sait absolument
rien à propos de ses vrais parents, ni de
Merlin.

6

Mais l'Enchanteur connaît Arthur. Il le surveille en secret et apprécie ce qu'il voit. Le garçon est bon, brave et se défend bien au combat. Le jour du 17e anniversaire de naissance d'Arthur, Merlin entrevoit l'avenir. Son protégé porte une couronne et brandit une épée.

L'heure est venue, pense Merlin. Il se rend à une église près de Londres. Cette nuit-là (la plus longue de l'année), il jette un puissant sort.

Un gros bloc de pierre apparaît sur le terrain de l'église. Une épée y est plantée, et les mots suivants y sont gravés : «Celui qui retirera l'épée de cette pierre deviendra le roi légitime d'Angleterre.»

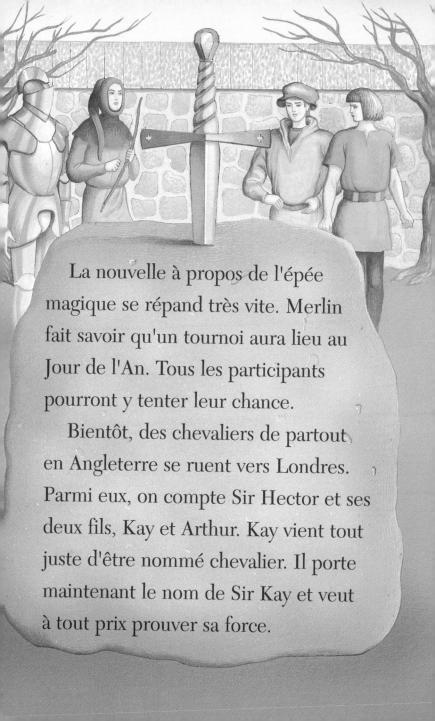

La nouvelle à propos de l'épée magique se répand très vite. Merlin fait savoir qu'un tournoi aura lieu au Jour de l'An. Tous les participants pourront y tenter leur chance.

Bientôt, des chevaliers de partout en Angleterre se ruent vers Londres. Parmi eux, on compte Sir Hector et ses deux fils, Kay et Arthur. Kay vient tout juste d'être nommé chevalier. Il porte maintenant le nom de Sir Kay et veut à tout prix prouver sa force.

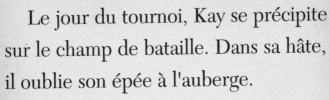

Le jour du tournoi, Kay se précipite sur le champ de bataille. Dans sa hâte, il oublie son épée à l'auberge.

– Va me la chercher, dit-il à Arthur. Et vite ! Le tournoi commence bientôt.

Arthur court vers l'auberge. Mais il se bute contre une porte fermée, tout le monde assistant au tournoi. Le jeune garçon est troublé. Comment Kay pourra-t-il combattre sans son épée ?

Quand il passe tout près de l'église, un reflet argenté capte son attention. C'est l'épée enfoncée dans le roc.

–Voici une arme parfaite pour Kay! s'exclame Arthur.

Il retire rapidement l'épée de la pierre et l'apporte avec lui au tournoi.

Chapitre trois

Arthur remet l'épée à son frère.

–Ce n'est pas la tienne, dit-il. C'est quand même une bonne épée. Je l'ai trouvée sur le terrain de l'église.

Kay fixe l'épée du regard.

–Sur le terrain de l'église ? demande-t-il. Il montre l'épée à Sir Hector.

–Arthur ! s'écrie Sir Hector. Comment as-tu obtenu cette épée ?

—Je l'ai retirée d'une pierre, pour que Kay puisse participer au tournoi.

—Peux-tu me montrer comment tu as fait? demande Sir Hector. Son visage exprime quelque chose qu'Arthur n'a encore jamais vu: un mélange de surprise, de tristesse et de joie.

—Bien sûr, répond Arthur.

De retour sur le terrain de l'église, Arthur replace l'épée dans le roc. Sir Hector essaie de l'en retirer, sans succès.

Puis Sir Kay saisit l'épée à son tour. Il la tire de toutes ses forces. Mais elle semble figée dans le roc. Elle n'a même pas bougé.

—À ton tour, dit Sir Hector.

—Rien de plus facile, réplique Arthur.

Aussitôt dit, aussitôt fait. Ébahis,
Hector et Kay regardent Arthur retirer
l'épée de la pierre.

–Voilà, dit-il, tendant l'épée vers eux.
Ils tombent à genoux.

– Père ! s'écrie Arthur. Kay ! Mais que faites-vous donc ?

– C'est moi qui t'ai élevé, mais tu n'es pas mon fils, répond Sir Hector. C'est Merlin qui t'a confié à moi. Et maintenant, je sais pourquoi. Tu es destiné à devenir roi.

– Merlin ? demande Arthur. Qui est-ce ?

Un homme vêtu d'une grande robe sombre surgit de derrière la pierre, comme s'il avait attendu là.

– C'est moi, Merlin, répond-il. Et les mots gravés dans la pierre te sont adressés.

– J-je ne peux pas les lire, dit Arthur.

– Regarde bien, réplique Merlin.

Il lève la main. Les lettres inscrites sur la pierre se mettent à bouger et à tournoyer. Puis elles s'immobilisent – et soudain, tout devient clair.

CELUI QUI RETIRERA L'ÉPÉE DE CETTE PIERRE DEVIENDRA LE ROI LÉGITIME D'ANGLETERRE.

– Le roi d'Angleterre !

Arthur en a le souffle coupé.
Comment pourrais-je être roi ?
songe-t-il. Je suis trop jeune. J'ai grandi
sur une ferme. Je ne sais rien de la
royauté !

En observant Merlin, Arthur
reconnaît un homme qui dit toujours la
vérité.

– Quand je serai roi, est-ce que vous
me conseillerez et serez mon ami ?
demande Arthur.

– Bien sûr, répond Merlin.

Les craintes d'Arthur s'envolent tout
d'un coup.

– Alors tout ira bien, conclut-il.

Chapitre quatre

Arthur est couronné roi. Mais la paix tarde à revenir en Angleterre. Le pays grouille d'hommes sans foi ni loi. Beaucoup d'entre eux ne veulent pas être gouvernés par un roi si jeune. D'autres complotent pour lui arracher le trône.

Merlin aide Arthur du mieux qu'il peut.

Tantôt, il lui donne des conseils, tantôt, il se sert de ses talents d'enchanteur. Il sauve la vie d'Arthur plus d'une fois.

Un jour, Arthur chevauche seul dans la forêt. Pourtant, Merlin le lui a déconseillé.

– Tu es le roi, a-t-il dit, et non un simple chevalier ! Tu cours un grand danger quand tu te balades seul à cheval.

Mais Arthur ne suit pas toujours les conseils de Merlin.

En chevauchant sur le sentier, Arthur entend des cris de colère. Puis Merlin apparaît, poursuivi par trois hommes armés de poignards et de massues.

– Donne-nous ton argent, vieillard ! s'écrie l'un des hommes.

– Ou on te l'arrachera de force ! menace un autre.

Merlin trébuche et tombe par terre. Les hommes sont sur le point de l'attaquer quand Arthur arrive au grand galop.

– Décampez, espèces de vauriens ! s'écrie-t-il.

Les hommes aperçoivent un chevalier en armes monté sur un grand cheval. L'animal se cabre. Le chevalier brandit son épée. Les bandits s'enfuient, terrifiés.

– Eh bien, Merlin, dit Arthur, soulevant son casque, on dirait bien que ta magie n'a servi à rien, cette fois-ci.

Il sourit : « As-tu perdu tes pouvoirs ? »

Merlin détient un secret. Ses pouvoirs ne lui servent qu'à protéger les autres. Mais il ne peut s'en servir pour se défendre.

Évidemment, personne ne doit le savoir, car il courrait un grand danger. Il répond donc : « La mort est plus près de toi que de moi. » Et il se met à marcher en silence.

Avant qu'Arthur ne puisse lui demander ce qu'il veut dire, une clairière apparaît dans la forêt. Les boucliers de nombreux chevaliers sont accrochés aux arbres. L'herbe est maculée de sang.

— Il semble y avoir eu ici un rude combat, déclare Arthur.

Soudain, un chevalier surgit dans la clairière. C'est l'homme le plus grand qu'Arthur ait jamais vu.

– Fais demi-tour ou bats-toi ! s'écrie le chevalier.

– Qui me défie ainsi ? demande Arthur.

–Je suis Sir Pellinore, répond le chevalier. Et je vais te prendre ton bouclier. Personne n'a jamais gagné contre moi.

–J'aimerais bien être le premier à le faire, réplique Arthur.

Sir Pellinore éclate de rire.

Puis Arthur et lui se chargent avec une telle force que leurs lances se brisent. Ils sautent en bas de leur cheval. Tirant leur épée de leur fourreau, ils se battent encore et encore.

On n'entend plus que des chocs métalliques assourdissants — le bruit est si fort que les oiseaux s'envolent. Bientôt, Arthur et Pellinore sont couverts de sang. Ils s'arrêtent pour se reposer, et recommencent de plus belle.

D'un coup puissant, Sir Pellinore brise l'épée d'Arthur en deux.

— Rends-toi, ordonne-t-il, immobilisant Arthur contre le sol.

— Jamais, réplique Arthur.

Le grand chevalier ignore qu'il se bat contre le roi.

— Tu devras donc mourir, dit-il.

Il arrache le casque d'Arthur et lève son épée. Arthur se rappelle les mots de Merlin. C'est vrai que je suis près de la mort, pense-t-il.

C'est alors que surgit Merlin. Il jette un sort à Sir Pellinore. Le chevalier tombe aussitôt dans un profond sommeil. Son corps énorme s'effondre sur le sol. Il gît là comme un arbre brisé.

Arthur s'assoit lentement, tressaillant de douleurs.

– J'espère que tu ne l'as pas tué, Merlin, souffle-t-il. C'est un combattant de première classe.

– Je lui ai seulement jeté un sort, réplique Merlin. Il se réveillera sans problème. Mais tes blessures sont profondes, ajoute-t-il, aidant Arthur à se relever. Elles ne seront pas guéries avant trois jours.

– Trois jours ! grommelle Arthur.

– Hélas ! C'est tout ce que mes pouvoirs magiques peuvent faire, réplique Merlin. Et il sourit à son tour.

Chapitre cinq

Après trois jours, les blessures d'Arthur sont guéries. Ayant repris toutes ses forces, il dit à Merlin :

—Je n'ai plus d'épée, maintenant, car Sir Pellinore a brisé la mienne. Je dois en trouver une autre. Un roi ne peut gouverner sans arme.

Arthur souhaite combattre Sir Pellinore de nouveau, mais il garde ses réflexions pour lui.

—Tu auras une nouvelle épée aujourd'hui même, dit Merlin.

Il conduit Arthur à un lac miroitant, dont la couleur passe du bleu à l'argent, puis au vert. De l'onde claire jaillit un bras, dont la main tient une épée brillante comme la lune. Arthur retient son souffle.

Une jeune femme apparaît près de l'épée. Sa robe scintillante passe du bleu à l'argent, puis au vert.

– Qui est-ce? demande Arthur dans un murmure.

– C'est la Dame du lac, répond Merlin. L'épée lui appartient.

Les cheveux de la dame sont dorés; son visage est jeune et clair.

– Bonjour, Majesté, dit-elle.

– Bonjour, Madame, réplique Arthur. Votre épée est absolument fabuleuse. J-j'aimerais qu'elle soit mienne, car je n'en ai pas.

– L'épée sera vôtre, répond la dame, si vous promettez de la rendre avant de mourir.

– Je vous le promets, dit Arthur.

– Alors, ramez sur le lac, réplique-t-
elle. Prenez l'épée et son fourreau.
Ils vous seront très utiles.

Puis le lac commence à se rider, et la
dame disparaît dans ses eaux.

Chapitre six

Une barque en bois repose sur le rivage. Arthur et Merlin rament jusqu'au centre du lac. Lorsqu'ils en sont suffisamment proches, Arthur s'étire pour saisir l'épée. Mais elle se dépose rapidement dans sa main, comme si elle était vivante.

Merlin recommence à ramer vers le rivage. Arthur retourne l'épée dans ses mains. La poignée brille de mille feux. La lame est aussi étincelante qu'un éclair.

–Voici une épée magnifique. Il me tarde de l'essayer, dit Arthur en songeant à Sir Pellinore.

Merlin lit dans les pensées d'Arthur.

–Tu vois ce fourreau ? demande-t-il.

–Oui, répond Arthur, qui n'a d'yeux que pour l'épée.

–Il n'est ni brillant, ni étincelant, dit
Merlin, mais il vaut dix épées à lui seul.
Si tu le portes au combat, tu ne perdras
pas de sang, quelle que soit la gravité
de tes blessures. Garde-le toujours sur
toi.

Arthur et Merlin enfourchent leur
cheval. Plutôt que de retourner chez
lui, le roi se dirige vers la forêt.

–Je vais combattre Sir Pellinore de
nouveau, dit-il à Merlin. Cette fois-ci,
je te prie de ne jeter aucun sort.

–Ce sera inutile, cette fois-ci,
réplique Merlin.

Arthur et Sir Pellinore se battent de
nouveau, d'abord avec leur lance, puis
avec leur épée.

Sir Pellinore frappe Arthur avec une telle force que le sol se met à trembler. Arthur ne perd pas de sang, car il porte son fourreau.

Puis la nouvelle épée d'Arthur traverse l'armure de Sir Pellinore. Le grand chevalier s'écroule, perdant beaucoup de sang. Il tente en vain de se relever.

– Épargneras-tu ma vie ? demande-t-il à Arthur.

Arthur enlève son casque.

– Si tu fais serment de me servir désormais, répond-il.

– Je te le promets, réplique Sir Pellinore. Dis-moi qui tu es.

– C'est Arthur, ton roi, répond Merlin.

Sir Pellinore se remet sur ses pieds. Il s'incline devant Arthur.

– Votre Majesté ! Je vous remercie de m'avoir fait grâce, dit-il.

– J'espère que tous les chevaliers qui me serviront seront aussi hardis et forts que toi, réplique Arthur.

Soudain Merlin entrevoit l'avenir de nouveau. Arthur est assis à une table ronde, en compagnie des chevaliers les plus braves d'Angleterre. Ils le regardent tous. Ils lui sont tous dévoués.

La période sombre est enfin terminée,
songe Merlin. Et il se sent heureux.

Merlin le fou

Les années ont passé. Arthur est devenu un grand roi, et Merlin l'Enchanteur lui a toujours offert son aide. Puis une magnifique jeune femme a découvert les secrets de Merlin. Elle lui a jeté un sort et l'a retiré du monde. Merlin ne pouvait rien contre elle. Aujourd'hui, il gît dans les profondeurs de la terre, à mi-chemin entre le royaume des morts et celui des rêves.

À tous ceux qui ont lu l'histoire de Merlin, suivez ce conseil : méfiez-vous de la magie !

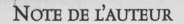

Note de l'auteur

Arthur et Merlin ont-ils vraiment existé ? Il y a toutes sortes d'histoires, de chansons et de poèmes anciens tous plus merveilleux les uns que les autres à propos du roi Arthur et de ses chevaliers. Un livre qui date de 1136, intitulé *Histoire des rois de Bretagne*, décrit Arthur comme un roi guerrier britannique du Ve siècle. Mais ce livre a été rédigé presque sept cents ans plus tard.

Quant à Merlin, il demeure toujours un mystère.

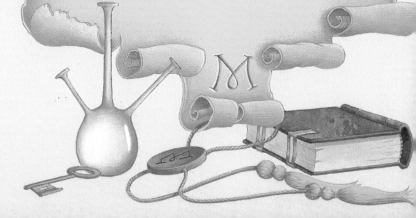